AF431176

غَوَايةُ الرَّحيلِ

شــعر

شيخنا عمر

غَوَايةُ الرَّحِيلِ

شـعر

إصدارات دائرة الثّقافة، حكومة الشارقة 2024 م

الناشر: دائرة الثقافة ـ حكومة الشارقة ـ الإمارات العربية المتحدة

الهاتف: 5123333 6 971+

البرَّاق: 5123303 6 971+

الموقع الإليكتروني: www.sdc.gov.ae

البريد الإليكتروني: sdc@sdc.gov.ae

الطبعة الأولى 2024

811.9661
ع ش. غ   عمر ، شيخنا
غواية الرحيل / شيخنا عمر.ـالشارقة، الإمارات العربية المتحدة : دائرة الثقافة، 2024.
88 ص ؛ 14x21 سم.
1. الشعر العربي ـ موريتانيا ـ دواوين وقصائد
أ. العنوان

ISBN: 978-9948-767-23-7

إهـــداء

إلى من أرجو وآمل أن تكبر يوماً لتقرأ هذا الإهداء
وتسعد به كثيراً..
إلى حبيبة أبيها ابنتي الغالية جدّاً حواء.

في ظلمة الضوء

لِشَارِعٍ بِشِعَابِ اللَّيْلِ أَرْسَلَهَا

قصيدةً طِفْلَةً.. تَبْكِي لِأَحْمِلَهَا

تَحْبُو مُدَلَّلَةً.. تَجْتَازُ أَخْيِلَتِي

وَبِي مِنَ التَّوْقِ مَا يغْرِي تَدَلُّلَهَا

تَنْهَلُّ كَالقَمَرِ المُنْشَقِّ بوْصَلَةً

كَأَنَّ نَاياً إِلَيَّ الآنَ بوْصَلَهَا

مُذْ آمَنَتْ مُفْرَدَاتِي بِاسْتِحَالَتِهَا

وَحْياً مَجَازاً، دَعَتْنِي أَنْ أُوَوِّلَهَا

حَتَّى إِذَا اسْتَنْزَفَتْنِي الأَرْضُ قَافِيَةً

مَدَّتْ إِلَيَّ سَمَاءُ الشِّعْرِ أَحْبُلَهَا

لِأعْـرُجَ اللّيْـلَ مِصْبَاحاً تُعَلِّقُهُ
وَأرْقُـبَ الصُّبْـحَ مِيقَاتـاً تَخَلَّلَهَا
الوَالِهُـونَ بِهَـا مَدْحـاً تُرَاوِدُهُـمْ
لَيَشْـرَبُوا المَـدْحَ مِنْ أقْدَاحِهـا وَلَهَا
فِـي ظُلْمِةِ الضَّـوْءِ حَارُوا فِي تَجَمُّلِهَا
أوَّاهُ.. مَـا كَانَ أشْـهَاهَا وَأجْمَلَهَا!
حِكَايَـةُ الْبَـدْءِ لَا تَعْنِـي مُفَارَقَةً
لِيُكْمِـلَ الْمَادِحُـونَ الْيَـوْمَ أوَّلَهَا
كَـمْ مِـنْ مُزِيـحٍ مَعَانِيـهِ وَمُنْطَلِـقٍ
فِيهَا.. بِـكُلِّ عُصُورِ الشِّـعْرِ هَلْهَلَهَا

طَبْعُ الْمَجَازِيِّ أَنْ يُخْفِي عَصَاهُ إِذَا

تَلَقَّفَتْـهُ الْمَعَانِي كَـيْ يُؤَجِّلَهَا

الْمُسْــتَهَلُّ إِلَيْهَا سَــاقَنِي لُغَــةً

لَعَلَّنِي فِي انْبِلَاجِي أَنْ أُعَلِّلَهَا

وَالطِّفْـلُ مُذْ مَكَّـةَ الْأُولَـى تَحُومُ بِهِ

عَوَالِـمٌ مِن مَقَامَاتٍ أَحُـجُّ لَهَا

وَيَكْبُرُ الْحُلْمُ وَالْمَسْــعَى.. يَعُمُّ سَـنًى

وَيَعْبُرُ الضَّــوْءُ أَعْلَاهَـا وَأَسْفَلَهَا

يُهَاجِرُ الْمَوْكِـبُ الْمَكِّـيُّ مُحْتَشِـداً

بِاثْنَيْـنِ، كَانَا لِهَـذِي الْأَرْضِ مَوْئِلَهَا

حَمَامَةٌ نَزَلَتْ بِالْغَارِ نَازِحَةً
فَخَلَّدَتْ لِحَمَامِ الأَيْكِ مَنْزِلَهَا

وَالْعَنْكَبُوتُ أَنَاخَتْ بَيْتَهَا شَغَفاً
وَخَضَّبَتْ بِانْبِعَاثِ النُّورِ أَرْجُلَهَا

لَمْ تُدْرِكْ الْخَيْلُ مَاذَا حَلَّ فِي دَمِهَا
حِينَ السَّرَابُ بِسَفْحِ الْغَارِ كَبَّلَهَا

ثُمَّ اسْتَهَلَّتْ حُشُودُ الضَّوْءِ رِحْلَتَهَا
حَتَّى انْتَقَتْ طَابَةُ الأَنْصَارِ مَحْفِلَهَا

هُنَاكَ تَعْتَرِفُ الْقَصْوَاءُ أَنَّ لَهَا
أَمْراً مِنَ اللهِ أَنْ تَخْتَارَ مَعْقِلَهَا

هُنَـاكَ تَبْتَدِئُ الْأَيَّـامُ رِحْلَتَهَا
وَتَشْـتَهِيكَ الْمَعَالِـي أَنْ تُؤَصِّلَهَا
الْآنَ.. كُلِّي لِهَذَا الْبَوْحِ.. لَسْتُ أَرَى
إِلَّا يَـدِي يَسْـتَفِزُّ الصَّمْتُ أَنْمُلَهَا
يَا سَيِّدِي يَا رَسُـولَ اللهِ.. أَنْتَ مَدىً
كُلُّ الْجِهَـاتِ بِـهِ نَالَـتْ تَفَضُّلَهَا
الْمُصطَفَـى الْمُنْتَقَى.. يَا بَابَ وُجْهَتِنَا
هَذِي خُطَانَا اقْتِرَافُ الرَّكْضِ أَثْمَلَهَا
تَرَكْـتَ فِينَـا طَرِيـقَ اللهِ مُشْـرَعَةً
أَيَزْعُـمُ الْوَهْـمُ أَنَّ الظِّـلَّ أَقْفَلَهَا!؟

اَلْآنَ.. تَفْتَـرِشُ الدُّنْيَا سَـنَاكَ هُدىً

كَمْ خَطْوُنَا الْمُرُّ عَكْسَ السَّيْرِ أَثْقَلَهَا!

فَاضَـتْ بِنَـا الْكَلِمَاتُ الْبِيـضُ أَلْوِيَةً

فَأَوْفَدَتْ بِشِـغَافِ الصَّمْتِ جَحْفَلَهَا

يَـدَاكَ فِـي دَمِنَـا تَغْفُـو لِتُوقِظَنَـا

حَتَّى نَرَى مَنْ بِفَيْـضِ الْحُبِّ حَمَّلَهَا

مُحَمَّدِيُّونَ.. هَلْ فِي الْأَرْضِ مُرْتَحَلُ!؟

كَـمْ مِنْ نَجَائِـبَ فِينَا الشِّـعْرُ أَعْمَلَهَا

إِنَّ الْقَصِيـدَةَ فِـي مَعْنَـاكَ مُرْسَـلَةٌ

فَمَـنْ سِـوَاكَ إِلَيَّ الْيَـوْمَ أَرْسَـلَهَا؟

وَهْمُ الخَلَاصِ

لَـمْ يَبْـقَ لِلَّيْـلِ إِلَّا أَنْـتِ.. أَوْ نَامِي
الآنَ أَدْرَكْـتُ أَضْغَاثِي وَأَحْلَامِي

خُنْتُ اللَّيَالِي الَّتِي خَانَ السُّـهَادُ بِهَا
كَسَرْتُ كَأْسِي.. جَلَسْتُ الْآنَ قُدَّامِي

فَتَحْتُ نَافِذَتِي الْأُخْرَى عَلَى وَضَحِي
نَفَثْتُ كُلَّ الرُّؤَى.. حَطَّمْتُ أَصْنَامِي

حَكَمْتُ فِيـكِ بِإِبْعَـادِي وَجِئْتُ هُنَا
مُكَسَّـرَ الْقَيْـدِ أَتْلُـو سِـفْرَ أَحْكَامِي

أَوَّلْتِنِي شَـاعِراً يَرْمِـي قَصَائِـدَهُ
عَلَى الرَّصِيفِ.. فَخُذْنِي أَيُّهَا الرَّامِي

خُـذْ وَامِقاً كُنْتُهُ.. خُذْ عَاشِـقاً وَطَناً

وَهَاتِنِـي مُفْرَغاً مِنْ غَـدْرِ أَوْهَامِي

أَوَّاهُ.. جَارَيْـتُ ظِلِّـي فِي تَشَـبُّثِه

هَرْوَلْـتُ خَلْفَ انْزِيَاحِي دُونَ إِلْهَامِ

قَـلْ لَا أَنَا مَـنْ تَدَاعَى فِي تَوَهُّجِه

قُلْهَا انْحِيَازاً لِإِسْـعَادِي وَإِكْرَامِي

لَا الْمُبْحِرُ الضَاعَ فِي الْقِيعَانِ زَوْرَقُّه

أَنَـا، وَلَا ذَلِكَ الْمُسْتَنْقَعُ الطَّامِـي

أَنَـا وَيَزْعُـمُ دَرْبِي فِيكِ ذَاتَ أَسـىً

أَنِّـي انْتَعَلْتُكِ شَـوْكاً تَحْـتَ أَقْدَامِي

مَا كُنْتُ إلَّا أَنَـا لَـوْلَا يَـدٌ عَبَثَتْ

وَصَبْـوَةً سَـرَقَتْ عُمْـري وَأَيَّامِي

أَحِـنُّ بَعْـدَكَ لِلتَّهْيَـامِ فِي امْـرَأَةٍ

زَعمْتُهَـا وَطَناً، كَمْ هَـانَ تَهْيَامِي!

أَنْتِ الَّتِي أَنْتِ.. هَلْ تَدْرينَ مَا كَسَبَتْ

يَـدَاكِ؟ إنِّي بَقَايَـا جَائِـعٍ ظَامِـي

رَفَعْتُ فَوْقَكِ أَعْلَامِي.. وَضَعْتُ يَدِي

عَلَـى جُروحِـي أُدَاريهَـا بِإرْغَـامِ

هَـذَا هَـوَايَ مُصَـابٌ بِانْتِكَاسَتِهِ

لأَجْلِ مَنْ نُكِّسَتْ ـلَوْلَاكِـ أَعْلَامِي؟!

وَا هَفْـوَةَ الْحُبِّ فِي تَاريخ مَلْحمَتِي
إِنِّي أُقَاسِـــي.. أُقَاسِــي مِنْكِ إِيهَامِي
عَاشَــتْ قَصَائِدُ أَشْـــعَاري مُشَـــرَّدَةً
عِشْــتُ اللُّجوءَ بِهَـا عَاماً عَلَى عَام
الْيَوْمَ تَحْتَكِمُ الأَشـــواق لِــي.. فَلِمَنْ
أَمُدُّ مِــنْ مُفْرَدَاتِي حَبْــلَ إِلْمَامِي!؟
قَلَّــدْتُ أَوْسِـــمَةَ الْعُشَّـــاقِ مُحْكَمَــةً
فَقَلَّدَتْنِــي الْقَوَافِــي دِرْعَ إِقْدَامِــي
خُنْتُ اللَّيَالِي.. فَهَلْ لِي أَنْ أَخُونَ يَداً
تُصَافِحُ الْقَلْبَ تَشْويقاً لإِضْرَامِي!؟

يَا مَنْ تُرَاقِـصُ لَيْلَاتِي عَلَى نَغَمِي
إِنَّـي تَجَرَّدْتُ مِـنْ لَيْلِـي وَأَنْغَامِي

رَمَيْتُ نَايِـي وَأَوْتَـارِي بِقَارِعَتِي
وُجِئْتُ وَحْدِي طَلِيقـاً بَعْدَ إِحْجَامِي

أَنَـا زُجَاجَـةُ عِطْرٍ لَا عُطُـورَ بِهَا
هُنَـا أَتِيـهُ حُطَامـاً بَيْـنَ أَكْـوَامِ

كَفَاكِ.. لَـمْ تُتْقِنِي الدَّوْرَ الذِي لَعِبَتْ
مَنْ صِرْتِهَا.. لَنْ تُدِيرِي كَأْسَ أَسْقَامِي

يَـا كَوْكَبـاً تَـاهَ فِـي آفَـاقِ أَخْيِلَتِي
وَرَاحَ يَبْكِي عَلَـى أَطْلَالِ أَجْرَامِي

خُطَـاي مُثْقَلَـةٌ بِالأُمْنِيَـاتِ.. كَفَـى
دَفَاتِـري لَـمْ تُصَالِـحْ بَعْـدُ أَقْلَامِي
وَهْمُ الْخَلَاصِ الذِي أَوْحَى به حُلُمِي
صُبْـحٌ يَنُـوءُ بِأَوْجَاعِـي وَآلَامِـي
صُبْـحٌ بِـهِ أَدْخُلُ الأَحْلَامَ مُحْتَشِـداً
وَأُوصِـدُ اللَّيْلِ عَـنْ قَلْبِـي بِإِحْكَامِ
فَكَيْفَ يَطْرُدُ أَمْسِي في هَوَاكِ غَدِي
وَأَسْتَلِذُّ بَعِيـداً عَنْـكِ أَحْلَامِـي؟!

وطنٌ أخِير

مسـافر في غَـدٍ ليْـلٍ.. ولا بَصَرُ!

أهكذا الأُفْقُ؟ أم ضاعَ الغدُ القمرُ؟!

تواطأ الرَّحْلُ والمَسْـعَى على غدِنا

هـذْراً لأوردةٍ قـد هَدَّهَـا السَّـفَرُ

مـا عـدتُ أحتمِـلُ الأيـامَ نافـذةً

يغـازل الضوءَ من شـبَّاكها النظرُ

غابـاتُ نـأْيٍ.. ونايـاتٌ مُؤَوَّلـةٌ..

ودمعُ صبحـي على ذكراك ينهمرُ

زرعـتِ بِي قلـبَ ملهـوفٍ تَمَلَّكَهُ

وَحْـيُ الضّباب بحقل خانَـهُ الثَّمَرُ

أُجَابِـهُ التيـهَ فـي ليلاتِـهِ عبثاً

لا ظـلَّ للظـلّ.. لا ماءٌ ولا شَـجَرُ

حتى احتضارُ المعاني فيك راح سُدىً

لا المارقُ الحرفُ في ذكرِاكَ يُحتضَر

ضـاع الذي بين مـا لا قـد يُؤوِّلُهُ

نْعْيُ الهوى حين ضاع الخطوُ والأثَرُ

رغمي ورغم اقترافِ القلبِ أخيلةً

لا تستبيح لـه مـا خبأ القدر

أجـوب منحـدراتِ العُمْـرِ معترفاً

أني إلى الزَّمَـن السَّـفْحِيِّ أنحدرُ

لكنّـه التّـوق يُذكينـي بجذوتِـه

فكلّمــا انطفـأ الماضــي سأسْـتَعرُ

رغــم ارتدائي جنونـي ذاتَ قافيةٍ

مــا لامني فيـكِ إلا السَّـاحِرُ الوَتَرُ

أُريقُهُ في مَسـامَاتِ المسـاء رؤىً

والريـح تعزفـه لحناً لمـن عَبَرُوا

لا هذه الأرض تنسى ما عزفتُ لها

ولا المُلامونَ.. عن نفيي قد اعتذرُوا

أرى دمـي وطنـاً للحـب يَسـكنُه

والغائبون بقلبي الآن كم حضرُوا!

رسـمتُ آخـرَ معنىً للهـوى بِيَدٍ

تـكاد تغتالُني في وشـمها الصُّوَرُ

معـي عبـاءةُ درويـشٍ وسبحتُه

ولِي بمقهـىً قَصِـيِّ ذلك السَّـمَر

ما أمطـرتْ لغتي معنىً أُسـاق له

إلا ليهْطِـل منّـي الشـاعرُ المَطَرُ

هـذي الحيـاة مواعيـدٌ مؤجَّلَـةٌ

وكلّهـا في انتظـار المنتهى عِبَرُ

الموتُ ـما أوجعَ الموتَ ـ انتظارُ غدٍ!

يمضي بنا صَوْبَهُ في سـيرِه العُمُرُ

فكرتُ في السالف الورديّ.. كيف به

تجاذبتْـه إلــى مَنْسِـيِّهَا الفِكَرُ؟!

مرّتْ ثلاثـون.. والأيـام تعبر بي

نحوي.. لأعرف مـاذا فِيَّ أنتظرُ؟

نمـتْ حروفـي بـلاداً.. كلُّهـا وَلَهٌ

يـكاد يقتُلنِـي فـي وصْفهـا البَطَرُ

سـافرتُ في وَجَعِ النسـيان مُدَّكِراً

كادتْ خطايَ لغيـرِ الأرض تَدَّكِرُ

رَبَّـاهُ رحماك.. كم غالبْتُ ناصِيَتِي

هـذا أنا فـي غِلابِي هَدَّني السَّـهَرُ

سـيغفرُ اللهُ ذنبَ الشعرِ في وطني
فـكلُّ بــوحٍ إلـى شــنقيطَ يُغتفَر

ما زلتُ أحمل فـي طيّاتِ ذاكرتي
أنثىً هي الوطنُ الموعودُ والوَطَرُ

المُدلِجُ نَهاراً

عَلَى شَفَا اللَيْلِ لَمَّا تهْتُ في غَسَـقِي

توَهَّجَتْ مُفْـرَدَاتُ الصبْحِ في أرَقِي

أَدْلَجْـتُ مُمْتَطِيـاً خَوْفِـي عَلَى قلَقٍ

لَا رِيحَ تَرْمُـسُ مَا جَادَتْ بِهِ طُرُقِي

كُنْتُ الْهَوَى سَـادِراً.. أخْتَالُ مُعْتَسِفاً

كأنَّنِـي تائِـهٌ قَـدْ ضَـاعَ فِـي نَفَقِ

وحِيـنَ قَابَلْـتُ قَلْبِـي بالمَغِيـب دَنَا

مِنِّـي وقَبَّـلَ رُوحِـي حِينَ لَـمْ يفِقِ

وقَالَ للشِّـعرِ قُلْ مَا شِئْتَ.. وابْتَدَأَتْ

حِكَايـةٌ لمْ تَـزَلْ تُرْوَى عَـنِ النَّزَقِ

واسْـتَنْزَفَتْنِي حُرُوفـي ذاتَ مَلْحَمةٍ

ضَـجَّ الضِّيَـاءُ بِها في ظُلْمِـةِ الأَلَقِ

الغَارِقُـونَ بِشُـطْآن المَـدَى عَبَرُوا

إلى مَـدَايَ.. فَوَا خَوْفـي مِن الغَرَقِ

السِّـنْدِبَادُ الـذِي بَايَعْتُ سَـارَ مَعِي

رُوحـاً تُطَارِدُ أشْـبَاحاً مِـن الوَرَقِ

والليْـلُ.. مَا الليلُ لـوْلَا مَا أَحَاولُهُ؟!

هَلْ مِن نُجُومٍ تُجَارِي مُنْحَنَى الفَلَقِ؟!

عُـدْ لِي بِكَ الآنَ واعبُرْ بِي إليكَ هُنَا

لِنَحْتَفِي سَـاعةً فِي غَيْبَـةِ الشَّـفقِ

طاوَعْــتُ ظِلِّي لألْقَى مَــا وَعَدْتَ بِهِ

وَجِئْتُ أُنْشِــدُ مَــا أَبْقَيْتَ مِــن رَمَقِي

وجدتُنِي في الذُّرَى مُلْقًى عَلَى وَجَعِي

لِــكُلِّ سَــافِلَةٍ فِــي السَّــفْحِ لَــمْ أرُقِ

وحِيـنَ أعْلَنْـتَ عنِّي خُنْتَ كُلَّ يَدٍ

كانَتْ تُرِيدُكَ في المَسْعَى عَلَى طَبَقِ

يا مَوْطِنَ الروحِ.. يَــا دُنْيَايَ صَافِيَةً

مِن نَشْــأةِ الروحِ.. مِن كَيْنُونَةِ العَلَقِ

كُلُّ الأيَــادِي التِــي وَافَتْـكَ قَبْلَ يَدِي

كانَتْ سَتَسْــرِقُ بُسْــتَاناً مِنَ الْحَبَقِ

كانَتْ سَتَكْسِـرُ بَابَ الرَّوْضِ سَارِقَةً
وَرْدَ البِدَايَاتِ.. كانَتْ تَشْـتَهِي عَبَقِي
ذُقْ مَـا تَبَقَّى.. وَأَغْدِقْ فِي فَمِي وَلَهاً
مِمَّـا يَسُـحُّ بِـه التَّحْنـانُ مِـن غَدَقِ
ذُقْ إنَّكَ الآنَ فِي نَبْضِ الحُرُوفِ شَذىً
يَحُومُ فَـوْقَ امْتِدَادِي حِيـن لَمْ تَذُقِ!

غِوَايَةُ الرَّحِيل

نُقُوشِي عَلَى خَدَّيْ رَحِيلِكِ فِي المَسْرَى

حُروفُ مَتَاهاتِ الأُفُولِ إِذَا اسْتَشْـرَى

وَشُــرْفَةُ أَحْلَامِـي تَوَلُّـهُ مُرْعَـوٍ

تَقُـدُّ قَمِـيـصَ الأمْـسِ قُبْلَتُه اليُسْرَى

جِنَانُـكِ ذَاتَ الشّـمْلِ كانَـتْ مَجَابَـةً

يَتِيهُ بِهَا الغَاوُونَ فِي الشُّرْفَةِ الأُخْرَى

وكُنْـتُ عَلَـى نَـوْءِ المَسَـاءِ مُبَعثَـراً

وكلُّ فَـمٍ فِي التِّيـهِ يَحْسَـبُنِي قَطْـرَا

تَعَـرَّى ذُهُولِي كالنُّقُوشِ.. وسَـامَرَتْ

كواكِـبُ أَحْلَامِـي مَجَرَّتَكِ السَّـكْرَى

حَـرَامٌ عَلَى زَهـوِ البَخـورِ بِمِعْطَفٍ

يُزَمِّـلُ حُلْمِـي أَنْ تُضَاجِعَـهُ الذِّكْرَى

وَلَكِـنَّ عُرْيَ القَلْبِ فِي سَـكْرَةِ الهَوَى

أَبَـاحَ لِأَعْطَـافِ المَجَرَّةِ أَنْ تَعْـرَى

جُرُوحِـي تَوَارَتْ خَلْفِ نَايٍ وسَـكْرَةٍ

يَدُورَانِ -مِثْلَ القَلْبِ- فِي فَلَكِ المَجْرَى

أُهَدْهِـدُ طِفْلَ الـرُّوحِ فِي مَهْـدِ حُلْمِهِ

وَأَعْصِـرُ مِنْ كَرْمِ المَجَـازِ لَهُ خَمْرَا

لِأَحْمِـلَ لِلتِّيـهِ المُسَـافِرِ فِي دَمِـي

طَرِيقـاً مِـنَ المَنْفَى أَقَمْـتُ بِهَا عُمْرَا

فَسُبْحَانَ مَنْ أَسْـرَى بِعَرْشِ صَبَابَتِي

وَعَـرَّفَـهُ عِـطْراً وَنَـكَّرَهُ شِـعْرَا

لِأَخْصِـفَ مَـا أَزْرَى بِآخِـرِ بَسْـمَةٍ

عَلَى شَـفَةِ الْإِمْعَانِ مِنْ وَرَقِ الْإِسْـرَا

العشق واللغة

شيدتُ فيـكِ طريقـاً للهـوى يَبَسَا

عَلِّـي أسـافرُ فـي عينيْكِ مختلِسَا

فتشتُ عـن كلمـاتٍ عنـك أكتبُها

إذا بـكـلِّ كـلامٍ صـارَ مقتَبَسَا

كانت عصايَ على ظهري.. ألاعبُها

والموجُ يسأل عن صوتي.. وقد يَئِسَا

لما سكنْتِ دمي أحْرَقتِ أشْـرعتِي

ناديت جُندي: خذوا من جرأتي نفَسَا

لم تهزمـوا.. إنني أعـددتُ من لغتي

كمائنـاً.. يحتمـي فـي ظلّها الْبُوَسَا

إنّـي على لغتي الفصحى.. أُدير دمِي

بهـا فؤادي وروحي في المدى أَنِسَا

لبستُها جبةً بيضاءَ مُلهمةً
أختال فيها.. ووجه الأرض قد تعِسَا

أيـامَ بالـوادِ كنـا.. والـرؤى حِمَـمٌ
جعلـتُ منها على وجه الرُّؤى قَبَسَا

مهمـا تجافتْ جُنوبُ الأنسِ عن لغتي
خلفِـي طريـقٌ مـن التاريخ قد يَبِسَا

يا جنـةَ الحـرفِ يا أُنسـي ويا لغتي
ظلّـي على ظلّكِ الجاري قدِ احْتبَسَا

أهـواك مـلءَ جنونِ العشـقِ أسئلةً
يُجِيـب عنهـا شـجيُّ القلب مُلتَمِسَا

كُلّ السـطورِ وإن كانـت مطوقـةً
بالعشــقِ دَقَّتْ لتطويقِ السُّــهَا جَرَسَا

هرولتُ نحوكِ.. والنسرين في خَلَدي
وجدتُ حولكِ مَن باعوا الهوى جُلَسَا

هذي المواويل تغزوا أرضَ حَنجَرتِي
وسـفحُها مُــذ زمـانٍ بعدَكُـم دَرَسَـا

يا قصَّـــةَ الفجرِ.. يا إشـراقَ ذاكرتي
طرفُ القريضِ رأى وسطَ السَّمَا لَعَسَا

الشــعر ملحمــةٌ أنتــم فوارسُــها
الآنَ أسـرَجتُ فـي سـاحاتِها فَرَسَا

شيءٌ في ذمّة المَحذوف

طالمـا كنـتَ تسـتلذّ عذابِـي

حين أهوى.. كما يشـاء احتسابي

إنَّ شـيئا.. ولا تَسَـلْنِي رجـاءً

كلّ شـيء لـديَّ خلف السـرابِ

لمْ يـزلْ في يديْـكَ بَوحِي مجازاً

تَحْتسـيه الكؤوسُ فوق السـحابِ

بـي مـن الليل مـا بصبـحٍ تبدَّى

فتلاشـى علـى مرايـا الهضابِ

بعضُ شـكّي وبعـضُ ظني يقينٌ

فلمـاذا أديـر كأس العِتـابِ؟!

فالمُحبّون قـد تَعاطوا حضوري

حيــن نَامـوا على سـرير غِيابِي

هل أنا في الرّؤى احتمالاتُ حُلْمٍ

أم أنــا في اليقين محضُ ارتيابِ؟

طالما.. كيف لم تُجبْني..!؟ رجاءً

أيهـا الشـعر هل لديـك جوابِي؟

الهَامِسةُ

أَكُلَّمَا زُرْتُ قلبي ألتقيكَ هنَا؟

يـا صـوتَ هَامَسَـةٍ يَسـتَوطِن الأذُنَا

دعني لوحدي.. سأروي للرؤى وَلَهي

يا حاجبَ القلبِ لا تُدخِل سـوايَ أنَا

هل وجْهَةُ الروحِ من إبحارها عبَرَتْ؟

أم أنني لـم أزَلْ أستنزف البَدَنَا؟!

يا مُبحِراً في دمي.. يا سـافحاً وجَعِي

فوق السـطوح التي لم تعرفِ الشَّجَنَا

أمـام قلبِـك إذ تَرْنُـو ضبـابُ جَوىً

كعَتْمةٍ مـن ذرى الليـل المصاب بِنَا

راهـنـتَ هَمْسَـكَ أن يجتـازَ دندنتـي
لأغمضَ القلبَ عـن ماضيكَ مرتَهنا
وذي ارتعاشـتُكَ الأولـى تفـكّ مدىً
مـن البدايـات لـم أعـرف لـه زَمَنَا
زعمْتَـهُ وطنـاً يمشِـي بخارطتي
سـمّيْتَه رَغْـم مَـا لا يُشْـتَهى وَطَنَا
السـاهدون مدى الأحلامِ كم سـهِرُوا
عيونهم في المدى تسـتعطف الوَسَـنَا
وأنـت تَعْصِـف كالطوفان.. تسـبِقُهمْ
تَلُـوح في سكرةِ التَّجْدِيـفِ مُتَّزِنَـا

كفـاك تكتـبُ عـن رؤيـاك معترِفـاً
أن الهبـوب الـذي واراك مـا سَـكَنَا
وأن فـي دمِـكَ المسفوح أسئلةً
من حيرةِ البدء تحكي السهل والحَزَنَا
فافتـحْ نوافذَكَ الأخرى على شـغفٍ
لأننـي لا أرى إلاكَ أنـتَ هُنـا

البنفسجة

بلون القصيدة تبدو..

أمام عيون الكلامْ..

معلقة فوق خد المساء

أقول:

بنفسجة..

فيبكي الظلامْ..

لها في انتشالي يدٌ..

ولِي في هواها يَدَانْ

أسافرُ منها إليها..

يطول السفرْ..

يطول المقامْ..

وتسألني..

وخلف السؤال جوابْ

وخلف الجواب سؤالْ

كلانا جوابٌ

كلانا سؤالٌ

فمن يمنح القلب حق الكلامْ؟

أرِقْنا.. فيا ليلُ أفصحْ..

ويا صبحُ دعْنا على كتفيْكَ ننامْ

فمنذ احتكمنا إليك..

ونحن نغني أهازيج ذكرى السلامْ

دخلنا ربيع الظلالْ..

وعشنا تفاصيل حلم الغرامْ

وللناي فينا ارتواءٌ..

وكم يعشق النايُ ماء الحنينْ!

وها نحن حين احتوانَا

كأنَّا التقيْنا لأزيدَ من ألفِ عامْ..!

المنفيّ

أمن بعدِ خمسٍ.. هكذا الحسـنُ يكبرُ

تعوديـنَ أشـهى.. كلُّ ما فيـك يُبهِرُ

سنينَ أضعـتُ البحر في عـزّ مدِّهِ

وضـاع شراعي حيث ما عدت أُبحِرُ

تبدَّلـتِ يا "هـذي" فحارت قصيدتي

بـأيِّ القوافي الباذخـات أفسّـرُ؟

تبدّيـتِ أخـرى لا التـي قبـلُ كنتِهَا

أَخُنـتِ القوافـي فاعتـراكِ التّجَبّرُ؟!

وَهَأنَـذَا ملقـىً على البـاب.. لوعتي

ورؤيـايَ أني لستُ إلّاكِ أذكُـرُ

أَحِنُّ وكُلِّي مفرداتٌ تعثَّرتْ
إذا هـي تخطـو، بالبدايـات تَعْثُرُ

لوجـهٍ صبيـحٍ قاسمَ الضـوءَ لونَه
إذا حـلَّ ليـلٌ بالقصيـدة يُقْمـرُ

جذْبـتِ تلابيـب الفـؤاد بطلّـةٍ
تداعـى إليهـا التائهـون فأبصَـرُوا

أَهَـذِي التـي كانـت بقلبـي حمامـة
تُغنـي أهازيـج الغـرام فتُسْـكِرُ

أَهَـذي التـي بالقلـب ألْقـت ظلالَها
وغابـت سـريعاً بينما كنـت أحضُرُ

أَهَـذِي التـي كانت تحـب قصائدي

وكانــت بهــا كلُّ الفواصـل تَعمُـرُ

أَجِبّـي حروفـي مـن جديـدٍ لعلنـي

إلـى مـا وراء الحب بالشـعر أعبُرُ

فقالت: تركتُ الشعر.. وَالوْعَة الرُّؤَى

فوجهُـ المعانـي بعـد وجهك أغبَرُ

فقلـتُ لهـا والشـعر يلعـن قَوْلتـي:

كفانــا ارتجـالاً فالقوافـي تَتَكُّـرُ

ألسـتِ تَريْنَ الشـعرَ ينهـار صرحُه

ونحـنُ وقـوفٌ والهـوى يتبخّـرُ

فقالت: لحاك الشعرُ.. كم كنت شاعراً

فهـذا فـؤادي مـن حروفـك أخضرُ

ولكـنَّ رَحْبـاً ضاق في أُفْـقِ خافقي

فكم عشـتُ في وهـم الـهـوى أتعثّرُ

فقلـتُ لها: إني على العهد.. فاعذِري

فيـا ليـت أنـي كلمـا بحـتُ أعـذَرُ

فقالـتْ وقد مالت وصـدّتْ وأنكَرَتْ

أتـدري بأنـي لسـتُ بعـدك أُقهرُ؟!

لقـد كَبرتْ أحلامُ قلبـي على الهوى

فهاتِ يد اللّا عشق.. ما بك تضجَرُ؟

ودعْكَ مــن التَّحنــانِ.. صِلْني بغيرِه

فأنــت علــى تــرك الغَوايــة أقـدَرُ

فأنـتَ تركت الغصــن للريـح يافعاً

فهاهـو في كـفّ الأعاصيـر يُزهِرُ

فقلتُ: أنا.. قالت على رِسْـلِكَ احتَمِلْ

فمِـن بعـد خمـسٍ كلُّ شـيءٍ مُقَـدَّرُ

حنين الصعود

حُلـمُ المسـاءِ إذا اعتـراك نشـيدُه

ضحِـك الصباحُ وهام فيـك قصيدُه

تحـت الخيامِ الراقصاتِ على الرُّبَى

هَتَـف الطّريقُ على الوصول يُريده

تعِبَ المكانُ من الخُطَى.. وتسارعَتْ

تُزجي الرؤى صوْبَ الضياءِ حُشودُه

لَمَحَـتْ "عيونُ الخيـلِ" حُلْماً تائهاً

مـا زال يبحـث عـن يديْكَ بريـدُه

فاسعَدْ لعَلّ الضوءَ يُبصر في المدَى

فلَقـاً إلـى غَسَـق الوجـودِ تقـودُه

فزمانُــك المسـلوبُ طعـمَ سـلامِه

مــا عــادَ يُعْـرَفُ سعْدُه وسـعيدُه

اِصعـدْ علــى تلـك المجرةِ عاتِبـاً

فذهولُـك الموقـوفُ حــان صعودُه

فَأنوسُـك الباكـي تهلّـل وجهُـه

زهــواً بحلْـم خلـف توقِـك عِـيدُه

صلَــوَاتُ أمِّــك مَركـبٌ ترْقَــى بـه

إن السُّــهَا يشـتاق جِيدَك جِيـدُه

أوْجِـفْ على مَرْقَى الـكلامِ قصيدةً

تقتــادُ خلفـك مــا اسـتحال رُكـودُهُ

فالشــعرُ يَلْثـم فـي خطــاك عبيــرَهُ

يُثْنــي عليــك رقيبُــه وعتيـدُه

سَــلْ عاشــقَ الصحراءِ ماذا خلفَه؟

تلــك الــورودُ الذابـلاتُ ورودُه

أَرِقَ الجوابُ ونــام جفنُ سؤالِه

فلمــن إذا ضــاع الـكلامُ أُعِيـدُه؟

أنــا من أكــون إذا ســألتُك يـا دمي

أنــا شــاعرٌ لا يَطَّبيــكَ جُحودُه

المختالة

تختــال خلــف امتــداد الهجــر منداحَــهْ

تلــك الحــروف التــي للصّمــتِ فضَّاحهْ

عــادت مــن الوصل حيرى ثم مــا لبثتْ

أن أوقــدت بــرواق الهجــر مصباحــهْ

همْسُ الضفــاف بها يلهــو بعاطفتي

ومســتلِــذ الــرؤى كــم مــدّ أقــداحَــهْ

إذ غلَّقت بــاب صبحي دون مَن خرجوا

وخبــأت فــي مهــبِّ الليــل مفتاحــهْ

يــا مــن مــددتِ سيوف اللحــظ ذابحةً

قلبــي.. متــى ستريحُ القلــبَ ذبّاحــهْ

كــم مــن هــوىً زارنــي.. جربتـه زمناً

لــمْ يــدْرِ أنِّــيَ قــد صارعـت أشـباحَه

خمس وعشرون دوّتْ من صدى عُمُرِي

والليل يرسـم لـي في الخلـف إصباحَه

يخالنــي هاربــاً إن جئــتُ معترفــاً

أنــي أشـيـم وراء الـخـلـف تفـاحَه

أنــا علــى شـفة الإمعـان أغنيَةٌ

تـلهو بهـا غـادة، بالهـجـر لـماحَه

تلهو فتـرقـص نشـوى من تربصها

فتستهيـن بحـال الصبّ سفاحَه

أأستريحُ ضحى اللا شعر.. وا شغفي

أليس للشاعر المهجور مِن راحْه؟

يـا أيهـا الهجر جُد لـي بالوصـال فلِي

روح بنشـر الهـوى.. بالليـل فواحـه

ولـي علـى ضفـة النسيان قافيةٌ

كالسنـدباد، ببحـر العشـق سباحْه

الأسماء

من أي سنبلة خرجتِ..؟
لا أعرف الأسماءَ بعد قطافِها
أرضي من الصحراء تلبس جبةً..
من عهد نوحٍ..
لم أعُدْ أرعى قطيع خرافها..
إني كبِرْتُ..
فهل لديك إجابة تشفي غليل الماءِ؟
تتأهب الأسماءَ لي..
لا دفتر يقوى على الرمضاءِ
في الحر نحن..
تخالفت أسماؤنا
سقطت خيام الحي بعد خلافها

ضاعت مواسم زهوِنا
أيامَ كلٌّ يستظل بِشِعره

لا أفْق للمعنى هناك بأرضنا
"دَيْلولُ" مات ببئره

لا تسأليني حين أسأل من أنا؟
هم يعرفون مجابتي الكبرى

لكنهم لم يسكنوا بشغافها
هم يجهلون خريطةً

ألواحُهم منحوتةٌ مِن غابِها
أشجارها لم تكترث بالريح..

تسحب ذيلها..

وتجر أسمائي على أكنافها

ها قد أتيتُ مقابر الأجداد أحمِل حيرتي

قبَّلْت قبرَ أبي الجدود مُسَلِّمَا

قال الصدى في قبلتي:

من "كِرْمَسَيْنَ" إلى "فَصَالَة"

كان للشعراء رَكْبٌ..

كان للعلماء ركبٌ..

كان للصلحاء ركبٌ..

أين "شنقيطُ" التي تروي المدى بسُلافِها؟

64

تراويح القصيد

تَـروي البدايـاتُ في أزهـى لياليهَا

زهـوَ المقامـات عمَّـنْ كان يرويها

أطـلَّ مـن أُفـق الخيـراتِ متسَعٌ

للـروح من موكـب الإيمـان يُدْنيها

تَقاسَـمَ الرَّمَضَانِيـون فرحتَهم

وفرحتـي في فضـاء اللـه أُبدِيهـا

لأغسل الروح من ماء الصيام.. فما

للرَّيْـن إلاهُ.. مـن هـدْيٍ سيَسْـقِيها

أصـوم للـه.. يجزيني علـى ظمئي

لأُرجـع النفـسَ من أقصـى تَوانيها

مهمـا حداهـا رجيمٌ لا يريد سـوى

أن يسـتبدّ بهـا جـوْراً ويَرميهَـا

مهما استشـــاطت ذنوباً في تعسـفها

سأسـأل اللــه.. إن اللــه يَهديهـا

كــم ذا جنيـتُ وبي أوجـــاعُ نزوتِها

فاللــه يُنقذهـا مـن كـفّ حَاديهـا

منذ ارتَوَتْ من معاني الصوم ذاتَ هدىً

جـــاءت حروفي إلى غيـري تُناديها

اللــه.. يـا أمـلَ الجانـي أنـرْ لغتي

حتى تضيء بمن فـي البدء يَرويِها

في شرفة الليل

ليـلانِ في ليـلٍ تـداعبُـهُ
عيـنـاك يـا قلبي كـواكـبُهُ
بُـحْ للنوى مـا كنتَ تهمِسُهُ
واكـتـبْ لـه مـا أنـت كـاتبُهُ
لـولاك.. لولا الليل ما عَبِقَتْ
روح الفراغ.. فأنت صاحبُه
أدمنتُ أنْ أنْسَلَّ مِن وجعي
أدمنـتُـنـي طـفـلاً أداعـبُـهُ
مـا لـي يـدٌ تمتدُّ دون هوىً
حتى لمن تقسوا جوانبُه

يـا قـلـبُ أشـبـعْ ليلَنـا أمـلاً
إن طــال ليلُك لا أعـاتـبُهُ

في دربِك الآتي الرؤى احتجبَتْ
فـاعبُر بـأي مـدىً يقاربُهُ

لا شــيءَ إلا مـا حلُمت بـهِ
فاختر لنبضك مـا يناسبُهُ

يمشي إليك الـدرب معتذراً
وكـأنـما ضـاعت حقائبُهُ

انبعاث

كسـنبلةٍ أعـود مـن الحصـادِ

وعصفورٌ يغرّد في فـؤادي

مَعـادي يـا قصيدةُ قـد تجلَّى

فجُودي بـالهُطُول على مَعادي

ليفتـرشَ المحيـطُ رمـالَ قلبي

ويَضّجعَ النخيلُ على وِسادي

سـبَرْت العمرَ نبضاً بعد نبضٍ

وما وجد اليقينُ سوى اعتقادي

بلادي.. يا بلاد الشعر.. مرحَى

لقد بُعِث الحنينُ من الرمادِ

وعـاد الشـعر يحملـني صبيّـاً

بمَهْد الحـبّ أُعرِب عن بلادي

وَلَهٌ

غُلُـوّاً فـي الدُّنُـوِّ مِــن الوُصـولِ

إلـى عينيْك.. أخشــعُ في الذُّهولِ

تقـولين الـغـداةَ: لـقد وجدنا

صُـوَاع الشـعر في الوَلَــه القتيلِ

تَفَقَّـدْ مـا تركتَ مِـن الأمانـي

تَـرَفَّـقْ بـالـقـلـوب وبـالـعـقـولِ

أنـا يـا (أنـتَ) قَبْلَكَ مـا اعتراني

دُوارُ الحـبّ.. ليتِـك لَـمْ تَقولـي!

مررتُ على رصيف العشق سِحْراً

فنـــادتني القصـــائد: يا بَتُـولي

عدلـتُ عن المـرور هنـاك خوفاً
علــى لغـة الرصيف مـن الخُمول
فَفَتَّـشْ في جـذوع النخـل عنّي
لعلـي قـد صُلِبت على عدولـي

* * *

فضـولٌ مـا سـواكِ.. ولا دليلٌ
سـوى أنـي أدافـع عـن فُضولي
عبــرتُ الآن فصــلَ البعـد عَلِّـي
أراجـعُ مـا تبـدّد مـن فُصُـولِ

ويعــوي الليـل.. تنطفـئ المرايـا
وما سُلِب الجمـال مـن الجَميلِ

وغابـاتُ الحنيـن تسُـدّ دربـي
وطيـرُ العمـر تمرحُ في الطلولِ

أطـارد نصـف حلـمٍ قـد تلاشى
بقلـبٍ مـات مِـن وجـع الرّحيـلِ

وتَجمَعُنـي المسـافة مـن شتاتٍ
تُسـاومُه الطريـقُ علـى الوصولِ

ليل

ألا ترَيْنَ معي كم يَصعُب النّظَرُ

وأنتِ خلفي.. وقد أدلى بكِ السّحَرُ؟!

مهما تراءت لـيَ الأبراج ضاحكةً

فالبسمةُ البِكْرُ في عينيك تختصرُ

عينـاكِ منذ استحال الليلُ فلسفة

ليـلَان لي منهمـا أن يطلـعَ القمرُ

يا أيهـا الوطنُ المسـكونُ بي أملاً

عُـدْ بـي إليـك.. فإني فيـك أنتظِرُ

من مطلع الشـمس كنا نلتقي سَحَراً

وكنتُ في مشـرق الأشواق أعْتمِرُ

يــا ضحكة القلب.. يــا ظلّاً ألوذ به

يا آخرَ الدمع.. ما لي فيك أستعِرُ؟!

إنــي لأنظر خلفَ الخَلــف موعدَنَا

تــذروه في الوقـت أيامــي فأبتدرُ

بَوحِـي محطةُ أشــواقٍ لجـأتُ لها

وقـد يطول.. وقد لا ينتهي السّـفَرُ

أكلّمَــا قابـل المعنــى رؤايَ هوىً

فتحـتُ ناري على قلبــي فينتحِرُ؟!

وكلمــا صفّـقَ التَّحنــانُ لــي فرحاً

تراقصتْ في دمِي الأحلامُ والصُّوَرُ

أطـوي النهار هدوءاً دون عاصفةٍ
وكلّمـا حـان ليـلٌ قُمـتُ أسـتَعِرُ

ما بالُ.. ما بالُ أشـعاري تُفتشُـنِي
وتنثُـر الإرث.. كم عني سـأعتذرُ

سـأعبُر الليـل تلـوَ الليل أسـألُنِي
هل أنتَ بالليلِ حقّاً "شَيْخُنَا عُمَرُ"؟

أنثى المراسيم

مَرْمِيّـــةٌ مـــذْ تعاطـتْ ليـلَ غربتِهَا

ونادَمَـتْ سَــكْرَةً أشبـاحَ ظُلْمتِهَا

مُذْ لامَسَتْ شفةَ الطِّينِيِّ ذاتَ هوىً

تَرَعْرَعَ الماءُ فـي صحراءٍ وَجْنتِها

وَوَزَّعَـتْ ملحَها القَهْـوِيَّ واحتملتْ

قَـرْعَ الكـؤوس على أنغـامِ حفلتِها

فاضت مَوَاويلَ تَسْقي الوافدينَ رُؤىً

وَرَمَّمَـتْ بالأمانـي وَجْــهَ حُرْقَتِها

مَرْمِيّـــةٌ فوق لَفْحِ النـــاي.. ما اتَّقَدَتْ

إلا لتَرْسُــمَ فِينـا عكسَ وُجْهَتِها

أظافـرُ الريحِ فوق الرملِ تَخْدِشُـها

والصبـحُ يُغمـضُ عينيـهِ لرؤيتِهـا

مُدَانَـةٌ بارتـداءِ البحـرِ مِلحَفَـةً

تخضَـرُّ في عين من هامـوا بجُبَّتِها

والظامِئـون تلاقـوْا عنـد مَبسَـمِها

وراقصوا الرَّجْعَ في إيقاعِ ضِحكتِها

تَعاطـوُا الْخُلـدَ ظـلاًّ.. أثّـوا دمَهُمْ

وأنبتُـوا شـجَر المـأوى بجَنَّتِها

مِن خيبة الظل ما اخضرّتْ بأعينهِمْ

ووحـدَهُ الشـعرُ لَـمْ يُؤمـنْ بخيبتِها

كانـوا صغـاراً تُناجيهم شـوارعُها

وعندمـا كَبِـرُوا عاثـوا بوِحدتِها

بريد إليَّ

تحتَ ليلٍ تهزّه الأحلامُ

كان قلبي على التـراب يَنـامُ

حاصرَتْـه العيونُ بعد التفافٍ

باللـيالي.. فأثخنَتْهُ السِّهَامُ

لَمْ أُكَاشِـفْ مطالعَ الصبح سِرّاً

ضاق عني.. عن محتواهُ الكلامُ

بل رفعت الحجابَ عنه وعني

شـاعـراً لا تخـونُه الأقـلامُ

كيف أخفي أنِّي عشقتُ امتدادِي

فوقَ أرضٍ غصونُها الأجرامُ

كنتُ أرنو إلى انكشافاتِ زهوِي

حِيـن كانـت تَهُزّنـي الأعـلامُ

فاعترتْني شـنقيطُ شـعراً وعِزّاً

فتغـنّى عـلى لسانِي الحـمامُ

وتناجتْ على خفوتـي المرايا

فعَلى الضوء في بلادي السّـلامُ

وطن

ورائي امتدادي في جذورك يا وطنْ

وقلبٌ مُضاعٌ.. في رمالك قد سَكَنْ

لـك الحـبُّ مـذ قبلـتُ خـدّك يافعاً

ومذ تهتُ في معناكَ.. أُمعنُ في الزَّمَنْ

خُطـاي هنا شَـبّتْ.. تُداعـبُ ظلَّها

وتَلْثُمُ فيكَ الشـوكَ عشـقاً لمن قَطَنْ

وسـابقتُ أيامـي إلـى حيـث قادَني

دليلُ الهوى للتَّوْقِ والشَّوْقِ والشَّجَنْ

نَقَشْـتُ علـى طيّاتِ رملـكَ أحرُفِي

وأطلقتُ للأشعار في حضنكَ الرَّسَنْ

وأَنْبَتُّ في خديْكَ نخـل قصائدي

وغالبَ صمتي في هواكَ مدى العَلَنْ

هنالـك في ظل المسـافات.. لَمْ أزلْ

حبيـسَ فـؤادٍ عندمـا يرحـل البَدَنْ

ويعذلُنـي فيـك الخَليُّـون.. ويحَهُـمْ

فلا حَسَـنٌ أرعَى سـواك ولا بَسَـنْ

تعلمـتُ فيك الحب والشـعر.. ليتَهم

يذوقون طعمَ الحبّ والشعر في الوطنْ

المحتويات